AF211363

© 2019 Ville Virkkunen
Kustantaja: BoD – Books on Demand, Helsinki, Suomi
Valmistaja: BoD – Books on Demand, Norderstedt, Saksa

ISBN 978-952-80-0681-7

Ville Virkkunen

Arjen harmaa valo

Runoja

Ville Virkkunen

Teatteriohjaaja ja näytelmäkirjailija

Kirjat:

Karumaa, 2018

Arjen harmaa valo, 2019

Sivistys

Sivistysvaltio

Hienoja ajatuksia

Juhlapuheissa ylistettyjä

Joita kaikki haluaa puolustaa

Kun tulee tekojen aika

Niin nämä unohtunut

Ne suljetaan lukolliseen laatikkoon

Ja haudataan byrokratian pölyisiin kellareihin

Kun taas neljän vuoden tuodaan ulos tuulettumaan

Stadi on hiljainen

Hyvin hiljainen

Rumat likaiset lähiöt

Siellä ei pääministeriä uskota

Siellä uskotaan populisteihin

Politiikan helppoheikkeihin

Jotka yksinkertaistavat asiat

Ja ruokkivat epäluuloja

Lisäävät vastakkainasettelua

Mistä me saataisiin viisaus näihin rumiin lähiöihin?

Auttaisiko siihen, jos rakennettaisiin kauniita taloja

Päivä käyntiin

Päivän työt paketissa

Kohti illan ja yön töitä

Huomenna päästellään täysillä

Elämä on yhtä puurtamista

Syyssade tekee hyvää tuloillaan olevalle flunssalle.

Yöunet

Aamupäiväunet

Päiväunet

Iltapäiväunet

Iltaunet

Miksi tätä sanotaan?

Työuupumus

Se ei haittaa, koska se on nyt muotia

Lumi infernoa iltapäivälehdet huutaa

Lumikaaos valtaa Suomen

Missä se luvattu lumi?

Mihinkään ei enää voi luottaa

Talvi on tullut

Ei sitä vielä muusta huomaa,

kuin että paikallisjuna oli tänään 10 minuuttia myöhässä

Sunnuntai ja ihana tekemättömyys

Aamu

Paleltaa ja väsyttää

Pysyä vielä peiton alla vai lähteä koirien kanssa
lenkille?

Elämän suuria kysymyksiä.

Syksy on pitkä ja synkkä

Työmies väsyy

Työt takkuaa

Työmies loman ottaa

Ja korin kossua ostaa

Kossulla itsensä voitelee

Loman lopussa krapulassa ähisee

Koittaa arki

Työmies toteaa:

"Rentouttava loma takana. Nyt on hyvä aloittaa syksyn
loppurutistus kohti joulua"

Elämän on yhtä tuskaa, huutaa ihminen

Ei niin pientä ongelmaa, ettei sitä viinalla voisi pahentaa

Kun elämänsä on solmuun saanut

Siina ei auta itku, ei parku

Syy ei löydy muista ihmisistä, ei ympäristöstä

Itse sinä ihminen olet asiasi sotkenut

Tutki itseäsi

Mieti missä meni vikaan

Kun sen oivallat, niin olet oikealla tiellä

Tervetuloa aikuisuuteen

Tietotekniikka on iloinen asia.

Kuulen kirskuvia sirkkeliääniä

Huudan vapisen

Ihmisenkuori repeytyy ja halkeilee

Sisälmykset valuvat kadulle

On kolmen T:n tilanne

Eli tie, totuus ja tuska

Tummat sävyt sekoittuvat harmaaseen

Kuin loputtomat synkät päivät marraskuussa

Kansanradio ja Alibi on mun mediat

Niihin syvälle uppoudun

Joko huomenna tulisi puhelu

Vapauttava pelastava puhelu

Kutsu hoitoon

Koska mielen kirurgia nyt tarvitsen

Iltaa kohti maailma avartuu.

Maailma muuttuu
Vanhat rakenteet murtuvat
Elämä nopeutuu
Koko maailma on tässä ja nyt
Se on täynnä mahdollisuuksia
Olisi hullua jättää ne käyttämättä

Kuka vielä haluaa palata menneeseen?
Rajoitettuun elämään
Impivaaralaiseen lintukotoon

Maailma muuttuu
Mutta edelleen voin katsoa tähtitaivasta
Istua laiturilla mato-ongella
Ja haaveilla suuria
Niitä ei muuttuva maailma voi minulta viedä

Rakastan

Haluan rakastaa

Haluan olla rakastettu

Voimakkaita ilmaisuja

Monesti niitä on vaikea sanoa

Varsinkin nykyään, kun kaikki pelkkää tykkäämistä

Rakkaus

Ilman sitä ihminen on puolikas

Kesken tekoinen

Sano kerran päivässä, että rakastat

Sano se sana

Rakastan

Se tuo voimaa arkeen

Rakasta

Rahan renkinä sitä päivät juostaan

Elämän valtatiellä

Vailla päämäärää

Raha on kaiken mittari

Mikä on elämäntarkoitus?

Se ei ole raha

Vaan tasapainoinen ja onnellinen elämä

Sunnuntai marraskuussa

Aurinkoinen aamu

Se on maailman kahdeksas ihme

Aurinko antaa lupauksen

Onnellisuudesta

Joka katoaa arjen tullen

Kosteaan harmaaseen pimeyteen

Rautatieasemalla

Joku odottaa rakastaan

Rantojenmies pummaa tupakkaa

Junia tulee ja junia menee

Jäähyväisiä ja jälleen näkemisiä

Kaunista ja herkkää

Kaipausta ja unohdusta

Minä olen lähdössä lopulliselle matkalle

Hyvästi betonilähiöt ja kosteusongelmaiset talot

Kohti pohjoista, kohti vapautta

Tuntureiden turvaan

Jossa voin taas elää ja hengittää

Olla ihminen

Häjyjen syntysijoilla

Lakeus aavaa rannaton

Muutamia latoja siellä täällä

Näkymä kuin Juhani Palmun taulusta

Lakeuden reunalla velatkin muuttuu saatavaiksi

Täällä nuorissa miehissä elää hulluus

Vanhoissa akoissa asuu viisaus

Painia ja pesäpalloa

Mattokutomoita ja huonekalutehtaita

Tuuri ja Powerpark

Etelä-Pohjanmaa on Suomen Texas

Kaikki on isoo ja mautonta

Luulin tietäväni totuuden

Viritin itseni väittelytaajuudelle

Vastustaja murskasi minut

Minun totuus ei ollut koko totuus

Ruma on rumaa

Eikä sitä saa puhumalla kauniiksi

Betonielementti on betonielementti

Eikä siitä saa kaunista mitenkään

Stadin ruma torahammas

Merihaka ilkkuu rumuudellaan

Kruunuhaka pöyristyy

Ei punapääoma osannut tehdä mitään kaunista

Elämä ei ole jättänyt jälkiä, sanoo ensimmäinen.

Minä olen ikääntynyt arvokkaasti, sanoo toinen.

Minä olen yhtä hyvässä kunnossa, kuin nuorena,

sanoo kolmas.

Minä taidan olla luonnonoikku.

Naamani näyttää siltä,

kuin sitä olisi taottu pajavasaralla.

Hiukseni on ohuet, kuin silkkipaperi.

Minulla on uniapnea, kihti ja kakkostyypin diabetes.

Onko tämä kosto siitä, että olen elänyt täydellä liekillä
elämästä nautiskellen?

Jumala ei ilmeisesti pidä nautiskelijoista.

Kadunko?

En, koska olen nautiskelija

ja olen saanut elää täyttä elämää.

31

Kun olen liikkeellä,

niin on sen verran menoa ja meininkiä,

etten kerkeä nukahtaa pystyyn.

Yö on mahdollisuuksien aikaa.

Sinä suljit rakkauden pieneen rasiaan

Halusit pitää sen omanasi

Salaisuutena

Rakkaus ei voi elää kahleissa

Suljettuna pienessä rasiassa

Rakkauden täytyy saada lentää vapaana

Niin se kasvaa ja vahvistuu

Lujittuu

Maailmassa on aivan liian vähän rakkautta

Rakkautta ei saa piilottaa

Näytä, että rakastat

Rakkaus on kauneinta maailmassa

Maa kuurassa, järvet jäässä

Revontulet taivaalla loimottaa

Talvi tekee tuloaan

Pakkanen punaa posket ja nenänpään

Ihmiset sulloutuvat toppavaatteisiin

Taistelussa kylmyyttä ja kaamosta vastaan

Aurinko katoaa taivaanrannan taa

Joululaulut kertoo meille tarinaa

Puolivuotta kesään aikaa on vaan

Ei muuta, kuin sutena sisään

Ja saatanallinen ralli päälle vaan

Riemuliiterin seinät leveelle ja katto korkealle

Pistetään porukka nauramaan

Se on rillumarei miehen elämäntyö

Riisutut sielut elämän leipäjonossa

Kaivaten ravintoa, kaivaten hekumaa

Ilman elämänjanoa kaikki kuihtuu pois

Odotusta elämän pitkillä käytävillä

Ilman ravintoa, ilman hekumaa

Ilman elämänjanoa kaikki kuihtuu pois

Usko ja tahdo

Tavoittele hekumaa, niin se ravitsee elämänjanoa

Niin et loju enää elämän leipäjonoissa

Tässä sitä ollaan ja ihmetellään.

Syksyn tuulet, tuo peltojen tuoksut

Tuoksut kertovat elämästä

Tehdystä työstä

On sadonkorjuun aika

Juhlan aika

Työ päätökseen

Väistämätöntä, lopullista luopumista

Kohti uusia tuulia

Talven tuiskuja

Tulevaisuutta

Ruma, likainen ja autio

Rapistunut ja homeinen

70-lukulainen kunnan keskusta

Oman aikakautensa monumentti

Maaseudun hukattu mahdollisuus

Takana viriili menneisyys

Käsillä surumielinen nykyisyys

Edessä kuntaliitokseen hoiperteleva tulevaisuus

Maaseudun kuolonkorina kuuluu jo maalikyliin asti

Olisiko armonlaukaus parempi vaihtoehto kuin elämä
hengityskoneessa?

Poltin sillat takanani

Tulipalojen keskellä olen elämäni taitellut

Siinä on mennyt ystävät, talot ja tavarat

Itsekeskeisen elämän päätös

Yksinäisyys ja katkeruus

Hämyinen opiskelija-asunto Tampereen keskustassa

Eteisessä puhutaan politiikkaa

Parvekkeella tupakansavussa keskustellaan musiikista

Olohuoneen pöydällä kynttilöitä ja viinipulloja

Stereoissa The Doors laulaa Love streetistä

Sohvalla nuoripari kietoutuneena toisiinsa

Poika ujuttaa kätensä tytön paidan alle

He suutelevat

Istun rikkinäisessä nojatuolissa

Ja nautin Rieslingiä

Sinä tulet keittiöstä

Katsot silmiin

Hymyilet

Siinä hymyssä on kutsua

Tulet syliini

Ja kietoudut minuun

Suutelen sinua

Tämä on meidän ilta

Rakkauden, kiihkon ja nuoruuden viikonloppu

Ei ole mennyttä, ei tulevaa

Elämä on tässä ja nyt

Riutuneet kasvot

Verestävät silmät

Leuka parransängen peitossa

Rasvaiset hiukset hapsottavat sekaisina

Kellastuneissa sormissa käryää sätkä

Honteloa ruumista vilu värisyttää

Silmistä on kadonnut elämän liekki

Se katosi jo 1330 päivää sitten

Edessä vielä 2920 päivää kivimuurien sisällä

Elämä on täynnä sattumuksia

Lähdin vain käymään yhdellä

Tuli vähän pidempi reissu

Thalian alttarille, kun astellaan

Pois yltä kaikki turha riisutaan

Kroppa rentona, ajatus kirkkaana ja silmissä palo

Annetaan ärsykkeitä yleisölle

Annetaan liekin kasvaa

Viedä meidät hurmioon

Johdattaa sanoin, liikkein, valoin ja äänin

Meidät Thalian palvelijat ja yleisö yhteiselle matkalle

Jonka jälkeen mikään, eikä kukaan ole ennallaan

On vain hetki maagista Thalian kosketusta

Jonka jälkeen kaikki katoaa

Älä tuhlaa katkeruuteen

Älä tuhlaa vihaan

Elämä on liian lyhyt tuhlattavaksi turhuuteen

Tuhlaa onneen ja rakkauteen

Vihamiehesi ei tarvitse huomiotasi

Anna kaikki huomio rakkaillesi

Rakasta

Jäähyväiset

Kaunista karheutta

Elettyä elämää

Luopumista

Tuskaa

Onnea

Kaikki päättyy aikanaan

Suruharson takaa pilkistää aurinko

Jäähyväisten hetken kauneus

Zeniläinen rauhallisuus katoaa

Kun astun ruuhka-aikaan

Täyteen ahdettuun paikallisjunaan

Huomaan inhoavani ihmisiä

Viha saa vallan minussa

Vihan aallot lyövät ylitseni

Olen valmis hirmutekoihin

Zeniläinen rauhallisuus palaa

Kun kuulokkeista kuunnelma alkaa virrata tajuntaani

Ja hörpin kahvia termosmukistani

Kadotan ajan ja paikan tajun

Rauha on kiinni pienistä asioista

Lumipyry täyttää maan

Lumi peittää alleen arjen harmauden

Maailma on jälleen kaunis

Hohtavan valkea talven ihmemaa

On luojan kahdeksas työpäivä

Jouluruno

Tuuli nousee rujon maiseman ylle

Tuulessa talven tuoksu

Tuuli tuo tullessaan pilvet

Pilvistä sataa lunta

Lumi tuo joulun

Maailman pahuus katoaa

Puhdas hauraus, harras peittää maan

Kellot kilahtavat

Rauhaa

Joulurauhaa

Kirpeä ajatus nousee esiin mielen syövereistä

Mieli kehittää haavetta, unelmaa

Kuljen pää pilvissä

Ja jalat tukevasti puolimetriä ilmassa

Lennän kohti unelmia

Haavemaahan

Onnelliseen huomiseen

Illan viimeinen tanssi

Painaudut minuun kiinni, kun turvapaikkaa etsien

Bändi laulaa lumivalkeasta rakkaudesta

Katoamme värivalojen hämyyn

Barfyymin ja hien tuoksuun

Musiikki vaimenee

Valomerkki

Kelmeät loisteputket näyttävät

koko aamuyön kauneuden

pöhöttyneitä kasvoja

levinneitä meikkejä

Portsarilta takit

Astumme kirpeään syysilmaan

Naurat minun jutuille

Suuntaamme sinun luokse

Kohti jatkoja

Aurinko nousee

Maisema hehkuu keltaisena

Pidät kädestä kiinni

Silmäsi hymyilee

Suutelen sinua

Silität parrakasta poskeani

Maailma hymyilee

Rakastutaan

Rakastetaan

Sortuneet unelmat

Murskattu tulevaisuus

Liikaa vaadin

Liian vähän sain

Silmukkaan työnnän pääni

Köydessä roikkuen

Päättyy erään tyhmän elämä

Kahvimuki kaatunut lattialle

Kahvi lainehtii lattialla

Tiskipöytä täynnä astioita ja roskia

Koira uikuttaa hädissään

Mikä isännällä hätänä?

Isäntä rojahtanut keittiönpöydän päälle

Toiseen todellisuuteen on siirtynyt koiran isäntä

Sydänkohtaus armahti keski-ikäisen miehen

vanhuuden kärsimyksistä

Huomenna on uudet huolet murehdittavana

Kuulas pakkasaamu maaseudulla

Maailman pysähtynyt kauneus

Hiljainen kylän keskusta

S-marketin pihassa autoja tyhjäkäynnillä

Autoissa istuu hiljaiset miehet

Vaimot kaupassa ostamassa tarjouskahvia ja munia

Hiljaisuudessa matkataan kotiin

Päiväkahvit ja pakkasesta pullaa

Mies avaa telkkarin, siellä näyttelee Tauno ja Ansa

Elokuva päättyy SF merkkiin

Mies sulkee telkkarin, katsoo vaimoa ja murahtaa

Voi sinua körilästä, toteaa vaimo

Tätä on tosirakkaus

Arjen harmaa valo

Lävistää minun tajuntani

Sateet ovat päättyneet

Kadut täynnä lätäköitä

Lapset hyppivät lätäköissä

Äidit kieltävät hyppimästä

Lapset eivät kieltoja usko

Meillä on vielä toivoa

Kapina elää

Meidän tulee kyseenalaistaa vallan linnakkeet